JOURNAL ASIATIQUE

OU

RECUEIL DE MÉMOIRES

D'EXTRAITS ET DE NOTICES

RELATIFS À L'HISTOIRE, À LA PHILOSOPHIE, AUX LANGUES
ET À LA LITTÉRATURE DES PEUPLES ORIENTAUX

LES HOVA
SONT-ILS DES MALAIS?

ESSAI D'UNE ÉTUDE COMPARATIVE

ENTRE LES DIALECTES HOVA ET SAKALAVA

PAR M. E.-F. GAUTIER

(Extrait du numéro de Mars-Avril 1900)

PARIS

IMPRIMERIE NATIONALE

MDCCCC

LES HOVA SONT-ILS DES MALAIS?

ESSAI

D'UNE ÉTUDE COMPARATIVE

ENTRE

LES DIALECTES HOVA ET SAKALAVA

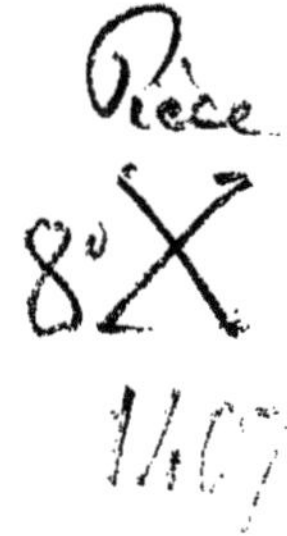

LES HOVA

SONT-ILS DES MALAIS?

ESSAI

D'UNE ÉTUDE COMPARATIVE

ENTRE

LES DIALECTES HOVA ET SAKALAVA,

PAR

M. E.-F. GAUTIER.

EXTRAIT DU JOURNAL ASIATIQUE

PARIS

IMPRIMERIE NATIONALE

MDCCCC

LES HOVA SONT-ILS DES MALÀIS?

ESSAI

D'UNE ÉTUDE COMPARATIVE

ENTRE

LES DIALECTES HOVA ET SAKALAVA.

Il est universellement admis que les Hova sont des Malais. C'est une opinion si consacrée qu'elle a passé dans les manuels scolaires de géographie.

Mais il faut bien se rendre compte qu'elle s'y est établie à la suite et comme corollaire de cette autre opinion : « La langue malgache, dont le hova est le dialecte le plus connu, est apparentée étroitement avec la langue malaise. » Dans le petit cercle des malgachisants, la bataille s'est livrée sur cette question: « La langue malgache a-t-elle, oui ou non, les affinités les plus évidentes avec les langues océaniennes dont le malais est le plus littérairement étudié ? » Cette question a été scientifiquement résolue par l'affirmative. On a établi la parenté des deux langues par les méthodes philologiques les plus rigoureuses, et ceux qui l'ont fait, depuis Humboldt jusqu'à Van der Tuuk, Grandidier, en passant par un grand nombre de savants missionnaires anglais et norvégiens à Madagascar, Dahle en particulier[1], ont établi un fait scientifique aussi indestructiblement certain que la parenté entre elles des langues du groupe indo-germanique.

A ce fait dûment constaté on a rattaché négligemment, *nemine contradicente,* ce corollaire : les Hova qui parlent malais et dont le facies est plus ou moins mongolique sont donc des Malais. Mais cette seconde question n'est peut-être pas aussi étroitement rattachée à la première qu'on se l'imagine et c'est elle qu'on se propose d'examiner à part. Tout d'abord il faut bien établir de quelle façon la langue malgache est apparentée au malais.

Ce qui est établi, ce n'est pas que le malgache soit dérivé du malais ou *vice versa,* c'est que le malais et le malgache font partie d'un même groupe de langues; il n'y a pas entre eux un rapport d'ascendance, mais un cousinage en ligne collatérale.

Lorsqu'on dit que le malgache ressemble au malais, on prend simplement la langue malaise comme *type* du groupe tout entier, ce qui est tout naturel puisqu'elle en est à la fois la plus riche en littérature

---

[1] Puisqu'on cite des noms, on se reprocherait d'oublier le travail tout récent et très méthodique d'un Allemand, BRANDSTETTER. Je n'en connais que la traduction anglaise publiée dans l'*Antananarivo Annual.*

originale publiée, et la plus étudiée de beaucoup par l'érudition européenne. Mais il ne faut pas être dupe d'une façon de s'exprimer qui est purement figurative. La seule expression correcte est celle-ci : malgache et malais font partie du groupe indoné-sien-polynésien-mélanésien. On le nomme générale-ment *malayo-polynésien*, et on se servira de cette dénomination, mais il est bien entendu que l'énu-mération qu'elle implique n'est pas limitative et que les langues mélanésiennes sont incluses dans le groupe.

Le malgache présente certains traits de ressem-blance avec le malais, il en présente avec le batak, le nias, le tagal, le javanais; il a des particularités communes avec le tahitien, le maori, le mota, le fijien, le néo-zélandais, sans qu'on ait jamais pu dé-terminer scientifiquement qu'il se rapprochât d'une de ces langues plutôt que des autres.

A ce point de vue, le livre du Dr Codrington, *Melanesian Languages*, donne une note particuliè-rement intéressante. Le Dr Codrington est un mis-sionnaire anglais à Mota, une des îles Banks à côté des Nouvelles-Hébrides; c'est naturellement le dia-lecte de Mota qu'il connaît à fond; une grammaire malgache lui est tombée entre les mains et il y a re-levé un nombre déjà considérable de similitudes entre le mota et le malgache.

Prenons-en quelques-unes au hasard à titre d'exemple.

Parmi les points de dissemblance entre le malgache et le malais, un des plus frappants est l'habitude d'ajouter aux mots la terminaison euphonique *tra;* cela est bien marqué dans :

MALAIS.	MALGACHE. (Dialecte hova.)	FRANÇAIS.
—	—	—
largit.	*lanitra.*	« ciel ».

etc.

Or Codrington signale dans les îles de Banks « une tendance à ajouter *dra* à la fin des mots ».

Le nombre ordinal « le troisième » se dit en malgache *faha-telo,* de *telo* « trois », et *faha,* préfixe habituel des nombres ordinaux.

En malais	le « troisième » se dit :	*ka-tiga.*
en mota	—	*vaga-tolu.*
en fijien	—	*vaka-tolu.*

La forme mélanésienne est doublement plus rapprochée que la malaise de la forme malgache; non seulement *telo = tolu,* ce qui est une simple ressemblance de vocabulaire, mais le préfixe est le même, ce qui est une ressemblance plus essentielle, grammaticale.

En voici une dernière, qui a tout particulièrement frappé le Dr Codrington.

Le mélanésien a un préfixe de spontanéité *tav, tapa.* Ex. :

ul en mota signifie « dérouler »;
tava-ul « qui se déroule de lui-même ».

Or le préfixe malgache *tafa*, entre autres sens, a précisément celui-ci. « Une pareille similitude, dit le Dr Codrington, considérant l'étendue d'Océan qui sépare les deux îles, est une chose stupéfiante. Elle ne peut pas être accidentelle, *elle ne peut pas avoir été introduite par les Malais et les Polynésiens qui ne l'ont pas.* Il faut qu'elle ait survécu à Dieu sait quelles vicissitudes, pendant un laps de temps inévaluable. Et nous la retrouvons comme une fleur rare, dans une localité éloignée, loin de tout, preuve vivante et certaine d'une race et d'une origine communes. »

Voilà donc à quel résultat exact aboutit actuellement la philologie comparée du groupe malayo-polynésien. Le malgache s'y rattache par un ancêtre commun, lointain, et inconnu, dont toutes les langues du groupe sont issues; il cousine avec le mota au même titre qu'avec le malais.

Or, si l'on trouve aux Hova le facies malais, on trouve aux Betsimisaraka, aux Sakalava, etc., le type papou; le rapprochement a été fait souvent. Il est donc impossible de déclarer *a priori* que l'importation d'une langue océanienne à Madagascar soit le fait d'Océaniens à teint clair, Malais. Pourquoi ne serait-il pas le fait d'Océaniens à teint noir, Papous, ou *negritos* ?

La seconde hypothèse est de beaucoup la plus vraisemblable. Sur les 3 millions d'indigènes qui vivent à Madagascar, il y a 3oo,ooo ou 4oo,ooo Hova environ — je ne parle que des Hova à teint clair;

l'Imerina ou province hova a 750,000 habitants (chiffre fourni par le recensement); mais la moitié au moins de ses habitants ont le type nègre; les teints clairs ne se trouvent que dans les castes supérieures. Madagascar renferme donc 2,600,000 habitants du type papou (?), contre 400,000 habitants de type malais (?). Tous parlent la même langue, il n'y a entre les différents idiomes que des différences dialectales insignifiantes. Faut-il admettre que la minorité a imposé son langage à la majorité ?

Mais, au moment de la plus grande extension de la monarchie hova, la moitié de l'île restait indépendante; certaines tribus dans l'extrême Sud n'ont jamais même pris contact avec les Hova.

D'ailleurs, en 1650, du temps de Flacourt, les Malgaches parlaient déjà leur langue actuelle, et sur toute la surface de l'île. Or, au xvii⁰ siècle, la tribu hova était encore tellement obscure, que Flacourt n'en a jamais entendu parler.

Mais alors, si ce ne sont pas les Malgaches qui parlent hova, il faut que ce soient les Hova qui parlent malgache, car enfin il y a deux races et il n'y a qu'une langue. A laquelle des deux races appartient cette langue ? Tout ce que nous savons de l'histoire des Hova, jetés par un naufrage à la côte de Madagascar il y a quelques siècles, se développant lentement au milieu de la population dans une situation longtemps infime, nous amène à conclure qu'ils ont appris le langage des indigènes et qu'ils ont oublié le leur. Et, dès lors, quel argument peut-on tirer de la langue qu'ils parlent, si elle ne leur appartient pas?

D'ailleurs, voici quelle est la théorie des malgachisants les plus autorisés et de M. Grandidier, le plus autorisé de tous. Les nègres malgaches sont des Malayo-Polynésiens, et ils sont à Madagascar depuis un temps incalculable; à une époque relativement récente, il y a quelques siècles, une dernière poussée de migrations orientales a jeté à Madagascar un dernier contingent malayo-polynésien, des Malais cette fois, qui ont fait souche de Hova. Ils ont d'autant plus aisément appris le malgache, que cette langue se rapprochait de la leur.

Et cette hypothèse n'est assurément pas à rejeter *a priori*, pas plus que toute autre hypothèse, d'ailleurs. Mais alors on doit s'attendre à ce que le dialecte hova soit de tous les dialectes malgaches celui qui se rapproche le plus du malais. C'est une étude qui n'a jamais été faite, parce que, seul de tous les dialectes malgaches, le hova a fait l'objet d'études philologiques sérieuses; pour la pousser à fond, il faudrait attendre que soient achevés le dictionnaire et la grammaire des dialectes non hova. Ils ne sont même pas commencés.

En attendant, et sous bénéfice d'inventaire, on voudrait essayer une étude comparative des dialectes hova et sakalava, ou du moins exposer au sujet de ces deux dialectes un nombre malheureusement très petit de faits précis.

Lorsque les vocabulaires hova et sakalava ont chacun un mot différent pour désigner la même

chose, il arrive que c'est le mot sakalava qui se rapproche de la racine malaise.

Ex. : « crocodile » se dit en malais *buwaja;* en sakalava, *voay* (qui, étant donnée sa prononciation, s'écri-
rait *vuwaj* en orthographe malaise).

Le dialecte hova a pour « crocodile » le mot
mamba, qui, d'après Dahle, est d'affinité bantoue,
sud-africaine.

Lorsque le dialecte hova et le sakalava emploient
tous deux de la même façon une racine malaise, il
arrive que la forme sakalava se rapproche davan-
tage de la forme malaise. Le sakalava a conservé in-
tactes des lettres malaises que le hova a transfor-
mées.

Ainsi le sakalava a une tendance à conserver l'*l*
malais, là où le hova le change en *d.*

HOVA.	SAKALAVA.	MALAIS.	FRANÇAIS.
dinta.	*linta.*	*lintah.*	« sangsue ».
didy.	*lily.*	*litah.*	« couper, tran-cher, comman-der. »

Le sakalava conserve *t* malais, là où le hova le
change en *ts.*

HOVA.	SAKALAVA.	MALAIS.	FRANÇAIS.
tsihy.	*tihy.*	*tikar.*	« natte. »
vitsy.	*vity.*	*betis.*	« la jambe. »

Le sakalava conserve l's malais, quand le hova le transforme en *ts*.

HOVA.	SAKALAVA.	MALAIS.	FRANÇAIS.
bitsika.	*bisy.*	*bisik.*	« chuchoter. »

Le *b* malais survit en sakalava, quand le hova le transforme en *v*.

HOVA.	SAKALAVA.	JAVANAIS.	FRANÇAIS.
avy.	*iaby.*	*kabeh.*	« tous, chaque. »

Le sakalava, comme le hova et comme le malais, a des racines dissyllabiques en règle générale; le sakalava, comme le hova, les allonge fréquemment à trois syllabes, au moins en apparence, par l'adjonction de ce qu'on pourrait appeler un « paraphe » vocal, qui disparaît d'ailleurs à la moindre crase, à la moindre nécessité euphonique. Ce sont, en hova, les syllabes *na*, *ka* ou *tra*. Les Sakalava n'ont que la dernière qu'ils prononcent *tse*. L'usage de ce « paraphe » est inconnu au malais; on a déjà dit que, d'après Codrington, c'est en Mélanésie qu'il se retrouverait. Or il est bien plus familier aux Hova qu'aux Sakalava. Les mots qui, en hova, sont pourvus en queue de l'adjonction *na* ou *ka* restent, en sakalava, des racines toutes nues, telles quelles, conformément à l'usage malais.

HOVA.	SAKALAVA.	MALAIS.	FRANÇAIS.
fasika.	*fasy.*	*pasir.*	« sable. »

La grammaire malaise du P. Favre pose en axiome
ceci : « Il n'y a pas, à proprenent parler, d'articles
en malais. » En dialecte hova, il y en a un très usité
ny = « le ». Or, sur ce point, le sakalava se rapproche de l'usage malais; je n'oserais pas affirmer
que le sakalava n'emploie jamais l'article, mais, à
coup sûr, il s'en passe dans l'immense majorité des
cas, le substantif sakalava se présentant presque tou-
jours tout seul.

HOVA.	SAKALAVA.	MALAIS.	FRANÇAIS.
ny *olona*.	*olo*.	*orang*.	« les hommes. »

Une des particularités les plus caractéristiques de
la langue malgache, comparée au malais, est l'usage
de ce qu'on appelle le « mode relatif », formé avec
le suffixe *ana*.

Le mode relatif, qui ne correspond à rien dans
nos langues européennes, tient lieu en hova, à lui
tout seul, de la multitude de combinaisons entre
pronoms relatifs et prépositions, au moyen des-
quelles nous amorçons nos phrases incidentes : *qui,
que, dont, où, au moment où, par le moyen duquel,
grâce à qui, à cause de quoi*, etc.

Le malais, quoiqu'il ait un pronom relatif, se
se sert surtout de la phrase directe, au moins à ce
qu'il me semble; les phrases directes se suivent à la
queue leu leu, reliées entre elles par des *maka* « et,
et alors », à la mode biblique. La contexture du style
en malais semble simple et raide. En hova, au con-

traire, une foule de ramifications incidentes viennent se greffer sur la phrase directe : le style y gagne en variété et en souplesse; toute l'allure de la phrase en est changée. Or c'est tout particulièrement le dialecte hova qui s'écarte ainsi du type malais; le sakalava a bien le mode relatif, mais il ne lui donne pas la même extension que le hova : il exprime avec l'indicatif une foule d'idées que le hova exprimerait avec le mode relatif.

Il reste à signaler la lacune la plus frappante du dialecte hova : il lui manque deux lettres, deux articulations malaises qui sont restées très vivantes en sakalava. Ces articulations sont celles pour lesquelles la grammaire du P. Favre adopte la notation *ng* et *ñ* (en notation arabe ξ et ω). Ce sont deux *n* nasillées que la prononciation hova réduit invariablement à l'*n* ordinaire. La prononciation sakalava, au conraire, a conservé non seulement nette, mais brutale, éclatante, la différence entre l'*n* ordinaire et les *n* nasillées. Pour un Européen familiarisé avec le dialecte hova et qui passe au dialecte sakalava, la prononciation de *ng*, *ñ* est la grosse difficulté phonétique, et même c'est une difficulté difficilement surmontable.

Je ne sais pas s'il y a correspondance exacte entre la prononciation malaise et la prononciation sakalava de *ng*, *ñ* : il y a d'ailleurs à cet égard déjà des différences de prononciaion entre les différentes provinces sakalava; le nasillement est ici plus atténué, là au contraire exaspéré. Mais il n'est pas douteux que les lettres sakalava correspondent aux lettres malaises.

En malais comme en malgache, une catégorie nombreuse de verbes, les verbes d'action, transitifs, se forme en ajoutant à la racine le préfixe *me* ou *men* (en malais), *man* en malgache.

En malais, quand la racine commence par un K, *me* se transforme par euphonie en *meng*. Ex. :

RACINE.	VERBE.
kata « parole ».	*mengata.*

Or voici les modifications euphoniques de *man*, en sakalava et en hova, lorsque la racine commence par un K :

RACINE.	VERBE HOVA.	SAKALAVA.
kaikitra « morsure ».	*manaikitra* « mordre ».	*mangaihitse.*

Lorsque la racine commence par une voyelle, nous avons :

MALAIS.

RACINE.	VERBE.
angkat « enlevé ».	*mengangkat.*

MALGACHE.

RACINE.	VERBE HOVA.	SAKALAVA.
ala.	*manala.*	*mangala.*

Le mot qui signifie « ciel » est le même dans les deux langues, — malais *langit*. Les deux formes dialectales hova et sakalava sont : hova, *lanitra*; sakalava, *langitse*.

Le *casus obliquus*, le génitif si l'on veut, du pronom possessif (= « de lui, à lui ») est le même dans les deux langues.

La forme malaise est *ña*.
— hova est *ny*.
— sakalava est *ñy*.

Il est donc bien évident que les *n* nasillées des Sakalava correspondent aux lettres malaises *ng*, *ñ*. M. Marre a, dans sa grammaire malgache, attiré le premier, je crois, l'attention sur ce point.

Or ces articulations font, en dialecte hova, si complètement défaut que les missionnaires anglais, qui ont codifié l'alphabet malgache à la mesure du dialecte hova, n'ont pas introduit dans l'alphabet de signes représentatifs de ces deux articulations.

Au contraire, si nous ouvrons l'ouvrage d'un profane, le capitaine de corvette Guillain[1], qui, ne connaissant pas l'alphabet consacré, se borne à reproduire de son mieux avec notre alphabet français les noms de lieu sakalava, — nous voyons Guillain se servir des associations 'de lettres *ng*' et *gn*. Il écrit :

Antang'androu (orth. consacrée : *Antanandro*);

[1] Guillain, *Documents sur l'histoire et la géographie de Madagascar.* Paris, 1845.

Manang'ara (orth. consacrée : *Mananara*);
Andria-magneti-arivou (orth. consacrée : *Andria-maneti-arivo*).

Et si, quittant les Sakalava, nous prenons le livre de Flacourt[1], qui a parlé le dialecte « antanosy » du XVIIᵉ siècle, nous trouvons par exemple ce commencement d'une traduction du *Credo* en dialecte « antanosy ».

Orth. de Flacourt...... *Zaho macatau abinahanhare.*
Orth. actuelle, c.-à-d. hova. *Izaho mankato amin'Janahary.*
Orth. française........ « Je crois en Dieu ».
Orth. de Flacourt...... *nambouatseri enghe langhitse.*
Orth. hova.......... *nanamboatra ery any lanitra.*
Orth. française........ « créé le ciel ».

Les lettres soulignées sont des notations adoptées par Flacourt pour rendre les deux *n* nasillées. Le mot *Zanahary* « Dieu » se prononce en sakalava *Zañahary*. Flacourt représente l'*ñ* par *nh*. Le mot *lanitra* sak. *laŋitse*, Flacourt l'écrit *langhitse;* il adopte pour *ŋ* la notation *ngh*.

Et ce ne sont pas seulement, avec les Sakalava, les Antanosy qui ont gardé les deux *n* malaises : je suis tout à fait sûr que les Bara et les Betsimisaraka les ont; et je crois qu'il faut faire rentrer dans cette catégorie toutes les populations noires de l'Île; en tout cas, la grande majorité. Les Hova sont, à ce point de vue, tout à fait isolés. Voici même un petit

[1] FLACOURT, *Histoire de la grande Isle,* 1658.

fait curieux. Il existe parmi les Hova une prononciation distinguée et une autre vulgaire. La première est naturellement l'apanage des hautes classes, c'est-à-dire des individus à teint clair, à facies soi-disant malais. Or, incontestablement, l'*ng* s'est conservé au moins à titre de trace dans la prononciation vulgaire. Lorsqu'un Européen demande à ses porteurs un renseignement topographique, l'emplacement d'un village éloigné par exemple, ceux-ci le montrent du doigt et de la lèvre inférieure (geste particulier aux Malgaches) en s'écriant : *any* « là-bas ! » Or, ce mot *any*, les porteurs, les gens de la basse classe le prononcent très nettement *angy*. C'est le mot que le *Credo* de Flacourt orthographie *enghe*. La prononciation des Hova distingués est conforme à l'orthographe *any*.

Ainsi voilà deux lettres malaises qui subsistent à peu près partout à Madagascar, et qui nulle part n'ont aussi complètement disparu que dans l'idiome des trois ou quatre cent mille Hova de teint clair, ceux précisément qu'on nous représente comme des Malais purs. C'est au moins une étrange anomalie.

Enfin, à ne considérer les dialectes hova et sakalava que dans leurs rapports mutuels, sans faire entrer en ligne de compte leur affinité avec le malais, il semble que le dialecte hova renferme ce qu'on pourrait appeler des « barbarismes ». Un exemple fera saisir tout de suite la pensée.

Quand un Hova demande à un supérieur, ou même simplement à un égal, l'autorisation de passer devant lui, c'est-à-dire dans les cas où un Français emploie la formule polie « Je vous demande pardon », le Hova se sert du mot *mbay*. Ce mot a perdu en hova toute espèce de marque d'origine, et l'auteur du *Dictionnaire anglo-malgache* l'a rattaché, en désespoir de cause, à la particule optative *mba*, traduction : *by your leave* « s'il vous plaît ». L'auteur du *Dictionnaire franco-malgache*, plus prudent, ne le rattache à rien du tout et le laisse vivre d'une vie propre et mystérieuse.

Or j'ai personnellement et très souvent entendu cette expression *mbay* dans la bouche des Sakalava; ils l'accompagnent de la même mimique en usage aussi chez les Hova, les deux paumes élevées à la hauteur du menton. Seulement ils prononcent très nettement : *homba aia?* « où passerai-je? » — « vous êtes sur mon chemin, je ne voudrais pas vous pousser, où passerai-je ? » Je crois pouvoir garantir l'exactitude de cette étymologie.

Voilà donc une expression qui est restée en sakalava très vivante, de sens très clair, et qui en dialecte hova n'est plus qu'une articulation incomplète, estropiée, de sens étymologique parfaitement obscur.

Dans la bouche des Hova, le malgache semble s'être déformé doublement. D'une part, les Hova, ces conquérants au teint clair, que les circonstances ont forcé d'adopter une langue étrangère, celle des vaincus, l'ont écorchée et phonétiquement appauvrie; d'autre part, ces représentants d'une race évidemment supérieure à la race papou ont accommodé l'instrument imparfait qu'est la langue malgache aux besoins de leur cerveau plus riche en idées et en nuances, et ils ont amené le dialecte hova à un état de complexité qui multiplie ses moyens d'expression.

Seulement les retranchements qu'il ont fait subir à la phonétique (disparition de ñ et ŋ) et les enrichissements qu'ils ont apportés à la syntaxe (extension de l'usage du mode relatif) ont ceci de commun et de particulier qu'ils ont *éloigné* le dialecte hova du type malais, au lieu de l'en rapprocher. Le sakalava et probablement tous les autres dialectes des nègres malgaches ont avec le malais plus de ressemblance que le hova. Cela est, en tous cas, évident au point de vue phonétique. Et cela est tout naturel si nous admettons, ce qui est certain, que le sakalava est un idiome papou, en tous cas du groupe malayo-polynésien, — tandis que le hova est un idiome papou retouché et réformé par des conquérants venus on ne sait d'où, — peut-être hindous? et pourquoi pas arabes? Il n'y a qu'une race à laquelle on ne voit pas de raisons *philologiques* de les rattacher, c'est la race malaise, puisque les modifications qu'ils ont apportées à la langue malgache ont eu pour conséquence de l'écarter du type malais.

Il peut y avoir, il est vrai, des raisons *anthropologiques* de conclure à la descendance malaise des Hova. Cependant un anthropologue, Staniland Wake, écrit : « Les Hova ressemblent-ils aux Malais?

c'est une question qui, à tout le moins, n'est pas tranchée. » En 1884, le Gouvernement hova a envoyé en Europe une ambassade. Les membres de cette ambassade sont connus; ils vivent encore : son chef Ramaniraka est précisément un des Hova dont la première vue arrache le plus facilement à l'Européen l'exclamation familière : « Comme il a une tête de Malais ! » Eh bien ! voici l'impression qu'ont faite les membres de cette ambassade sur les anthropologues de Londres; au dire de l'un d'eux, Prichard, auteur de *Natural History of man* : « Cette race aurait une physionomie *spéciale très éloignée du type chinois et par conséquent malais,* très éloignée aussi du type presque européen des insulaires polynésiens[1]. »

Situé au centre de l'océan Indien, en plein domaine des moussons qui soufflent des côtes d'Asie, Madagascar a été le point d'aboutissement de nombreuses conquêtes sémites, arabes, hindoues. Nous en connaissons trois d'une façon tout à fait historique; le témoignage de Flacourt, confirmé par les traditions indigènes concordantes, ne laisse place à aucun doute. Pourquoi les Hova ne seraient-ils pas le résidu métissé d'une de ces invasions? Staniland Wake les croit de descendance arabe (?).

Comme métis, ils sont naturellement jaunes : on en conclut qu'ils sont des Jaunes; ayant adopté la langue des Malayo-Polynésiens vaincus par eux, ils

---

[1] Je cite d'après l'*Antananarivo Annual,* t. II, p. 11.

parlent malayo-polynésien : on en conclut qu'ils sont
Malais. On comprend très bien que cette conclusion
ait été posée; on peut douter qu'elle soit ratifiée.

L'étude comparative des dialectes malgaches et
la connaissance des idiomes mélanésiens sont ap-
pelés vraisemblablement à progresser; mais, en
attendant, ne semble-t-il pas que la formule géné-
ralement adoptée « Les Hova sont des Malais » donne
une idée tout à fait fausse des résultats scientifiques
réellement obtenus ?

Ce qui est certain, c'est que les Malgaches pris
dans leur ensemble appartiennent au groupe malayo-
polynésien. Mais il n'est pas du tout prouvé qu'ils
s'y rattachent par la branche malaise. On serait bien
plutôt conduit à les y rattacher par la branche mélanésienne. Et, s'il faut absolument une formule
simple, populaire, à celle qui a prévalu on préférerait
cette autre : « Les Malgaches sont des Papous. »

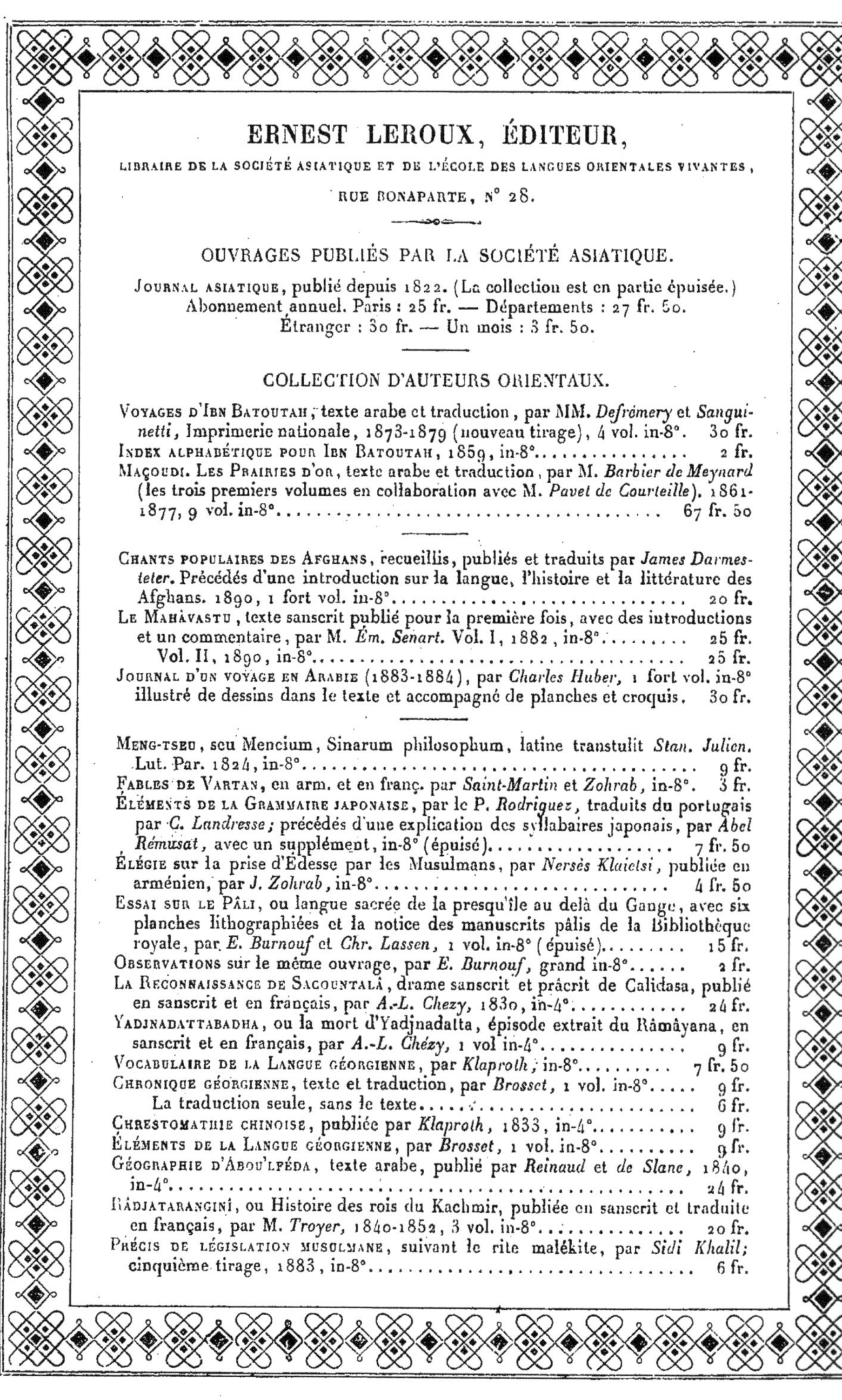

ERNEST LEROUX, ÉDITEUR,

OUVRAGES PUBLIÉS PAR LA SOCIÉTÉ ASIATIQUE.

JOURNAL ASIATIQUE, publié depuis 1822. (La collection est en partie épuisée.)
Abonnement annuel. Paris : 25 fr. — Départements : 27 fr. 50.
Étranger : 30 fr. — Un mois : 3 fr. 50.

COLLECTION D'AUTEURS ORIENTAUX.

VOYAGES D'IBN BATOUTAH, texte arabe et traduction, par MM. *Defrémery et Sanguinetti*, Imprimerie nationale, 1873-1879 (nouveau tirage), 4 vol. in-8°.   30 fr.
INDEX ALPHABÉTIQUE POUR IBN BATOUTAH, 1859, in-8°................   2 fr.
MAÇOUDI. LES PRAIRIES D'OR, texte arabe et traduction, par M. *Barbier de Meynard*
(les trois premiers volumes en collaboration avec M. *Pavet de Courteille*). 1861-
1877, 9 vol. in-8°...   67 fr. 50

CHANTS POPULAIRES DES AFGHANS, recueillis, publiés et traduits par *James Darmesteter*. Précédés d'une introduction sur la langue, l'histoire et la littérature des
Afghans. 1890, 1 fort vol. in-8°...............................   20 fr.
LE MAHÂVASTU, texte sanscrit publié pour la première fois, avec des introductions
et un commentaire, par M. *Ém. Senart*. Vol. I, 1882, in-8°.........   25 fr.
    Vol. II, 1890, in-8°......................................   25 fr.
JOURNAL D'UN VOYAGE EN ARABIE (1883-1884), par *Charles Huber*, 1 fort vol. in-8°
illustré de dessins dans le texte et accompagné de planches et croquis.   30 fr.

MENG-TSEU, seu Mencium, Sinarum philosophum, latine transtulit *Stan. Julien*.
    Lut. Par. 1824, in-8°.....................................   9 fr.
FABLES DE VARTAN, en arm. et en franç. par *Saint-Martin et Zohrab*, in-8°.   3 fr.
ÉLÉMENTS DE LA GRAMMAIRE JAPONAISE, par le P. *Rodriguez*, traduits du portugais
    par *C. Landresse*; précédés d'une explication des syllabaires japonais, par *Abel
    Rémusat*, avec un supplément, in-8° (épuisé)...................   7 fr. 50
ÉLÉGIE sur la prise d'Édesse par les Musulmans, par *Nersès Klaietsi*, publiée en
    arménien, par *J. Zohrab*, in-8°..............................   4 fr. 50
ESSAI SUR LE PÂLI, ou langue sacrée de la presqu'île au delà du Gange, avec six
    planches lithographiées et la notice des manuscrits pâlis de la Bibliothèque
    royale, par *E. Burnouf* et *Chr. Lassen*, 1 vol. in-8° (épuisé).........   15 fr.
OBSERVATIONS sur le même ouvrage, par *E. Burnouf*, grand in-8°......   2 fr.
LA RECONNAISSANCE DE SACOUNTALA, drame sanscrit et prâcrit de Calidasa, publié
    en sanscrit et en français, par *A.-L. Chezy*, 1830, in-4°............   24 fr.
YADJNADATTABADHA, ou la mort d'Yadjnadatta, épisode extrait du Râmâyana, en
    sanscrit et en français, par *A.-L. Chézy*, 1 vol in-4°..............   9 fr.
VOCABULAIRE DE LA LANGUE GÉORGIENNE, par *Klaproth*, in-8°..........   7 fr. 50
CHRONIQUE GÉORGIENNE, texte et traduction, par *Brosset*, 1 vol. in-8°.....   9 fr.
    La traduction seule, sans le texte.........................   6 fr.
CHRESTOMATHIE CHINOISE, publiée par *Klaproth*, 1833, in-4°..........   9 fr.
ÉLÉMENTS DE LA LANGUE GÉORGIENNE, par *Brosset*, 1 vol. in-8°..........   9 fr.
GÉOGRAPHIE D'ABOU'LFÉDA, texte arabe, publié par *Reinaud* et *de Slane*, 1840,
    in-4°..   24 fr.
RADJATARANGINI, ou Histoire des rois du Kachmir, publiée en sanscrit et traduite
    en français, par M. *Troyer*, 1840-1852, 3 vol. in-8°...............   20 fr.
PRÉCIS DE LÉGISLATION MUSULMANE, suivant le rite malékite, par *Sidi Khalil*;
    cinquième tirage, 1883, in-8°..............................   6 fr.